Pourquoi et comment écrire ?
De la pensée au livre.

*Les conseils d'un écrivain pour commencer, avancer
et enfin terminer votre projet de livre !*

Par Elodie Rojas-Trova

© 2018, Elodie Rojas-Trova.

Édition : BoD – Books on Demand,
12-14 Rond-point des Champs-élysées,
75008 - Paris, France.

Impression : BoD – Books on Demand, Norderstedt, Allemagne.

ISBN : 978-2322090440
Dépôt légal : Novembre 2018.

Sommaire

Avant de commencer..10
Qui suis-je ?..12
- Pourquoi écrire ?..13
Motivation et questionnements préalables...................14
Quel type d'écrivain êtes-vous ?..............................16
Le travail au service du talent................................20
Avant d'écrire..22
S'y mettre enfin..28
- Comment écrire ?..29
Méthodes d'écriture..30
Outils à connaître...40
Rythme de travail...43
Finaliser son projet..45
- Publier son livre..47
Préparer son manuscrit..48
Démarcher un éditeur...53
Eviter les pièges..56
S'auto-éditer..59

Avant de commencer

Ce livre est un petit condensé de plusieurs conférences et ateliers d'écritures que j'ai eu la chance de donner. Au départ, il s'agissait de laisser un document afin que les participants puissent garder une trace écrite de l'échange.

Mais au fil du temps et au vu des réactions des personnes, je me suis rendue compte que le contenu avait un intérêt particulier. J'ai réalisé qu'au fil de mes années d'écriture, j'avais emmagasiné un savoir qui méritait vraiment d'être partagé avec un public plus large afin d'en faire profiter le plus grand nombre.

J'écris depuis l'âge de cinq ans, et c'est à peu près aussi à cette époque que j'ai eu l'idée de devenir écrivain. Autant vous dire que ce n'est pas une mince affaire ! Je vous épargnerai ici les nombreuses phases de découragement, de doutes ou même parfois de désespoir par lesquelles je suis passée. Néanmoins c'est grâce à tous ces tâtonnements et autres erreurs de débutante, que j'ai pu réunir une précieuse expérience. C'est cela que je souhaite transmettre aujourd'hui, pour que vous puissiez gagner du temps et vous consacrer entièrement à l'écriture.

Voilà pourquoi le mince document initial s'est légèrement étoffé pour devenir un vrai petit livre de chevet pour aspirant écrivain. Malgré cela, je l'ai voulu facile à lire, clair et concis, pour avoir toutes les chances de motiver mon lecteur-auteur sans jamais le décourager. Je l'ai articulé de façon à aborder chaque étape du processus d'écriture, en proposant un pas à pas capable de résoudre chaque problème rencontré le long du projet.

J'espère que ce livre vous sera utile et profitable. N'oubliez pas que vous pouvez m'écrire en cas de soucis, je serais très heureuse de recevoir vos avis, vos histoires ou questionnements par e-mail à contact@elodie-rojas-trova.com

Bonne lecture mais surtout bonne écriture !

Qui suis-je ?

Si je me permets humblement de prodiguer mes conseils, c'est parce que j'ai acquis une petite expérience après plusieurs années d'écriture.

Je suis une jeune auteur spécialisée en littérature courte. Mon cinquième ouvrage « Le Peuple des Nuages », un roman d'ambiance, est paru au printemps 2018.

J'anime aussi ponctuellement des ateliers et stages d'écriture et organise des retraites d'écrivains. De plus, vous pourrez me trouver sur ma page Facebook où je partage des textes variés dans un esprit participatif.

Pour plus d'information, venez visiter mon site web : www.elodie-rojas-trova.com

Pourquoi écrire ?

Motivations et questionnements préalables :

Le désir d'écrire est un sentiment assez courant qui peut surgir à tout moment de la vie et chez n'importe qui. J'avais lu quelque part que la France était championne du monde en terme de proportion d'écrivains par rapport au nombre d'habitants. C'est dire si le besoin d'écrire est répandu dans nos contrées !

Je rencontre très souvent des gens lors de mes évènements littéraires, qui me font part de leur envie latente d'écrire. Nombreux sont ceux qui me posent des questions sur mon parcours, mes techniques ou conseils, que j'essaie de partager à mon niveau. J'espère que j'ai déjà pu éveiller des prises de conscience chez certains qui se sont finalement lancés. Mais je sais que pour beaucoup, l'écriture restera juste un rêve qui malheureusement ne se réalisera jamais.

Faute de quoi ?

Malgré l'étendue des personnes concernées, on a

vite fait de constater à quel point l'écriture dans son action reste mal connue. Elle est entourée d'un halo mystérieux qui la rend inaccessible à la plupart. Et pourtant, comme toute entreprise de la vie, il suffit d'un minimum d'organisation et de rigueur pour la réaliser avec succès.

Il n'y a que l'envie qui ne s'apprend pas. Mais si l'envie est là, si forte et impérieuse qu'elle ne se discute pas, vous avez tout ce qu'il vous faut pour débuter.

Lisez « Alors vous voulez devenir écrivain », petit texte de Charles Bukowsky et si ses mots, loin de vous décourager, vous motivent, alors vous êtes sur la bonne voie. Lancez-vous !

« Le seul livre qui va changer votre vie est celui que vous écrirez. »

Quel type d'écrivain êtes-vous ?

C'est une question d'importance cruciale à laquelle vous devez répondre avant de commencer votre aventure livresque.

A force de lecture, de réflexion et de d'observation, je me suis forgé mon opinion, une petite théorie personnelle que je partage avec vous.

Il existe principalement deux types d'écrivains.

Certains ont ce désir au plus profond de leur cœur, depuis la lecture de leur premier livre, du plus loin qu'ils se souviennent. Ils n'ont de cesse d'essayer de reproduire chez les autres l'émoi original qu'ils ont un jour ressenti. Je les appelle les <u>conteurs.</u>

Les autres ont vu apparaître le besoin d'écrire suite à un événement particulier, souvent traumatique mais pas forcément. Ils ont comme un besoin de partager une information, ou de se confier. Ce sont les témoins.

Lequel êtes-vous ?

Un petit (ou long!) travail d'introspection est nécessaire pour répondre avec justesse. Peut-être que vous aurez besoin de beaucoup de temps pour découvrir qui vous êtes, ou bien peut-être la réponse vous a déjà sauté aux yeux rien qu'en me lisant. En tous les cas, vous ne pourrez pas réussir dans votre écriture si vous ne répondez pas à cette question initiale.

Car en fonction de qui vous êtes, vous aurez à faire attention à certaines choses bien précises que j'essaierai de détailler plus en avant.

Pour commencer, voici ce que vous devez retenir : Les **conteurs** doivent **partager une émotion**, et les **témoins** doivent **transmettre un message.**
Telle est la base à laquelle vous devrez parfois revenir pour vérifier que vous n'êtes pas égaré dans vos propres délires littéraires...

Les conteurs :

Si vous vous classez naturellement dans cette catégorie, c'est que vous êtes un amoureux des émotions. Basiquement vous êtes un poète.

La forme que prennent les mots, leur sonorité, la mélodie du texte et le style, sont des éléments indispensables pour vous car ils sont les outils qui vous permettront de partager des émotions.

Vous devrez faire particulièrement attention à la syntaxe, la fluidité du texte et la pertinence de votre vocabulaire.

Je vous conseille de vous relire à voix haute ou même de vous enregistrer, et de vous offrir une correction professionnelle car vous aurez tendance à vous laisser emporter par le texte au détriment de l'aspect purement technique.

Vous devrez trouver votre style personnel et unique.

Les témoins :

Vous avez vécu une expérience incroyable ou avez fait une découverte ? Vous souhaitez vous affranchir d'une histoire compliquée ? Alors vous êtes un témoin.

C'est quand même la catégorie la plus représentée parmi les gens qui m'abordent en quête de conseils. L'écriture est peut-être moins évidente pour ceux-là.

Typiquement ce sont les personnes qui vont écrire une biographie, une généalogie ou toponymie.

Les mots ne sont là que pour servir le fond. Vous avez un message à transmettre et rien ne doit vous en écarter.

Je vous conseille de toujours garder l'essentiel sous les yeux pour ne pas vous perdre, et de vous munir d'un bon dico pour étoffer votre texte.

Le travail au service du talent

La question du talent revient assez souvent parmi les interrogations initiales des auteurs. Elle est légitime effectivement, car on ne souhaite pas, ou plutôt on n'ose pas se lancer dans une activité pour laquelle on ne serait pas suffisamment doué.

Ai-je le talent nécessaire pour devenir écrivain ?

Voilà une question piège ! Le talent serait-il obligatoire pour réussir ?

Je pense pouvoir m'avancer un peu en disant qu'il n'y a qu'une seule chose qui fera de vous un écrivain : écrire.

L'histoire ne dit pas comment, ni quand, ni pourquoi ou qui, juste écrire. Lire aussi, mais écrire est vraiment la seule et unique chose parfaitement indispensable et miraculeuse.

Vous savez... le forgeron.

C'est en écrivant qu'on devient écrivain. Mais alors, le talent dans tout ça ? Comme dans bien d'autres domaines, et même tous les aspects de la vie, il arrive que certaines personnes soient réellement nées avec un talent incroyable pour l'écriture. Ceux-là ont, après que les anges se soient penchés sur leur berceau, un don. Et ils sont très peu nombreux.

Les Mozart et les Einstein doivent se sentir bien seuls !

Pour le commun des mortels, il n'y a que l'envie d'écrire qui déterminera l'écrivain que vous allez devenir. L'écriture n'est pas innée, elle s'apprend. Fort heureusement, il existe bien des façons de s'améliorer.

Voici quelques pistes pour bien commencer et aller à la rencontre de votre plume.

Avant d'écrire

Peut-être que les pages précédentes vous ont encouragé à vous jeter sur votre feuille de papier ou votre écran, je l'espère en tous cas ! Mais je vous retiens encore un peu. Voyons deux ou trois choses avant de commencer.

Au fil du temps, j'ai vu de nombreux obstacles, plus variés les uns que les autres, apparaitre lorsque j'écrivais et me bloquer dans mon cheminement. J'ai fini par bien les connaitre et par définir des règles simples qui les contournent absolument tous. Ces règles, au nombre de cinq, sont d'une simplicité presque désuète mais elles ont le pouvoir de me remettre sur les rails en cas de soucis et elles l'ont déjà fait à de nombreuses reprises.

Ainsi je peux vous assurer que tous les problèmes qui pourraient (et vont) surgir tout au long de votre projet, découlent forcément du non respect d'une des cinq règles que voici :

1) <u>Soyez original.</u>

Si vous aviez l'idée d'écrire l'histoire d'un petit sorcier anglais à lunettes, arrêtez tout de suite !

Vous valez mieux qu'une pâle copie d'un écrivain à succès et vos lecteurs méritent mieux qu'un vague plagiat.

Être original est l'assurance de ne pas vous planter, car c'est en restant vous-même que vous pourrez paraître crédible aux yeux du lecteur. Votre texte, ses situations, ses personnages, et jusqu'aux tournures de phrase, en gagneront en authenticité et vous n'aurez pas à souffrir d'une comparaison peu honorable.

Vous devrez vous entrainer pour trouver une voix propre et unique.

2) <u>Aimez ce que vous faites.</u>

Personne n'est totalement unique dans ses goûts au point de ne trouver aucun complice avec qui les partager. De ce fait, si vous prenez du plaisir à écrire et à vous relire, il y aura forcément une autre

personne dans le monde qui partagera votre point de vue. Si vous aimez, vous n'êtes certainement pas le seul ! Tandis que si même vous, vous n'aimez pas vraiment votre texte, mais vous continuez à le faire en espérant que ça plaira à d'autres, vous courez à la catastrophe.
En plus vous rechignerez à la tâche puisque vous n'y trouverez aucun intérêt.
Alors n'oubliez pas, aimez ce que vous faites, éclatez-vous, écrivez le livre que vous adoreriez lire. La vie est trop courte pour ne pas faire ce que l'on aime réellement.

3) <u>Faites preuve de sérieux.</u>
L'écriture est une activité comme une autre qui demande donc un minimum d'investissement. Une fois que vous êtes décidé à écrire votre livre, faites-le sérieusement.
Vous aurez besoin d'outils, de temps, de volonté et parfois de sacrifice. Imaginez que vous décidiez de jouer au football

mais vous ne prenez pas la peine d'apprendre les règles, ni d'acheter un ballon et des crampons, ni de vous déplacer au stade. Pensez-vous que vous réussirez ?

Pour se lancer, il faut se donner les moyens et faire preuve d'un peu de sérieux.

4) <u>Commencez doucement.</u>

Lorsqu'on débute, on est toujours tenté de s'attaquer à un roman. Normal, en France le roman est idéalisé, on l'encense comme étant l'accomplissement ultime de l'écrivain, on voudrait même croire au « roman de sa vie » comme si on parlait d'un grand Amour. Dans l'absolu, pourquoi pas, mais pas tout de suite...

Entrainez-vous ! Rappelez-vous l'exemple du football : un débutant inexpérimenté n'est jamais sélectionné pour jouer une coupe du monde. De même vous devrez faire vos preuves, vous tromper, essayer et tâtonner pour acquérir de l'expérience avant de vous plonger dans l'écriture d'un roman. Poésie, nouvelles, ateliers d'écriture créative, fiches personnages,... les idées ne manquent pas pour vous faire la plume.

5) <u>Lisez !</u>
C'est un impératif ! Pas une option que vous pouvez zapper sous prétexte que vous n'avez pas le temps ou mieux encore, que vous craignez d'être influencé.
Avant d'écrire, il faut lire, lire, et encore lire. Et pas qu'un peu !
Vous devez vous tenir au courant de ce qui se fait, connaître les classiques, suivre l'actualité de vos auteurs préférés. C'est ainsi que vous pourrez avoir une idée juste de ce que vous devez faire. Lisez, décortiquez les textes favoris, cherchez ce qui les rend spéciaux, détaillez la construction des livres, la mise en page, etc. Tout cela vous fournira une culture littéraire indispensable à tout écrivain.

Enfin, gardez ces règles à portée de main et relisez les en cas de blocage. Vous finirez par vous rendre compte qu'elles sont toujours pertinentes.

N'oubliez pas d'ailleurs de vous créer les vôtres, des règles qui vous aideront à aller jusqu'au bout.

A moins que vous n'ayez besoin de vous affranchir de tout carcan rigide ? Parfois c'est la liberté qui nous guide mieux que quiconque.

C'est en ce sens que l'écriture peut être un exutoire, elle nous libère en tant que lecteur mais aussi en tant qu'auteur.

S'y mettre enfin

Nous y voilà ! Vous avez tout lu avec attention, vous êtes fin prêt à débuter ou continuer ce projet qui vous tient à cœur depuis longtemps.

Vous voilà les doigts sur le clavier ou le stylo, la page est blanche, l'esprit bouillonne... Mais voilà que l'on s'embrouille, on rature, argh !

Par où je commence ?

Et oui, vous êtes sur le point de commencer la construction de votre maison. Et vous vous rendez compte que vous n'avez ni expérience, ni plans, ni outils et que vous êtes seul face à l'ampleur de la tâche. Tout ça s'annonce plutôt compliqué.

Ne vous découragez pas, je vous aide encore un peu à vous lancer dans la deuxième partie.

Comment écrire ?

Méthodes d'écriture

Comme nous l'avons vu précédemment, l'écriture est un art qui s'apprend. Loin de ce cri du cœur jaillissant sur le papier que l'on voudrait nous faire croire, il s'agit plutôt de travailler. Il va falloir peaufiner votre style, trouver le mot juste, avancer avec organisation pour mener à bien ce livre dont vous rêvez.

On ne commence pas la maison par le toit !

Ici, nous allons donc aborder les différentes méthodes d'écriture existantes. Il est vrai qu'il n'y a pas une méthode infaillible pour écrire, car chacun est différent et ce qui marche pour l'un ne fonctionnera pas forcément pour l'autre. Néanmoins, j'ai voulu quand même vous proposer trois méthodes qui pourront être utiles au moment de commencer ou de débloquer une situation.

La méthode d'écriture est le plan de la maison, ou encore le planning du chantier. Si vous êtes un peu perdu, c'est ce qui vous aidera à savoir quoi faire et à quel moment. Faire preuve de méthode n'est pas forcément impératif, mais si vous débutez cela vous sauvera de l'angoisse.

Voici les 3 méthodes que je recommande de connaître et de maitriser, en fonction de ce que vous écrivez ou de quel type d'écrivain vous êtes.

– <u>La méthode des flocons de neige :</u>
Très peu connue en France, The Snowflakes Method nous vient des Etats-Unis. On trouve très peu d'infos en français sur cette méthode mal connue des francophones. C'est pourtant ma méthode de prédilection, celle que j'utilise presque systématiquement pour mes livres.
Le principe est simple, on part d'un mot, ou à la limite une phrase, que l'on va développer en un paragraphe, puis une page, et cela va laisser apparaître le squelette du livre. En étoffant chaque partie, on obtiendra des chapitres, puis le texte final.

Voici un exemple pour que vous compreniez

mieux :

1) Femme
2) Une femme amoureuse.
3) Une femme amoureuse décide de partir.
4) Une femme amoureuse découvre que son mari la trompe et décide de tout plaquer pour partir.
5) Une femme amoureuse découvre que son mari la trompe, décide de tout plaquer, rencontre une vieille amie et part avec elle dans un voyage autour du monde.

Je crois que vous l'aurez compris, ce système fonctionne, donc, à la manière d'une boule de neige qui grossit flocon après flocon. L'avantage est que c'est une façon progressive de rentrer dans les détails. Vous pouvez aussi revenir en arrière facilement sans détruire toute votre histoire si le dernier ajout ne vous a pas convaincu. La rédaction d'un résumé pour la 4ème de couverture par exemple en est facilitée (Ligne 5 ou 6), tout comme la réponse à la fatidique et inévitable question : « *Ça parle de quoi ton bouquin ?* » (Ligne 4).

Enfin on n'oubliera pas le cœur de l'histoire, c'est à dire le plus important. Dans notre exemple, si vous commencez à écrire trop sur le point de vue de la vieille amie, c'est que vous dérivez. Ce plan vous permettra de vous en rendre compte et de vous rediriger vers le personnage principal de la femme amoureuse.

Je conseille cette méthode à tous ceux qui ont beaucoup d'idées et tendance à se disperser.
Si vous avez du mal à organiser vos pensées et que vous ne savez pas par où commencer, c'est la méthode qu'il vous faut. Grâce aux « flocons de neige » vous pourrez vous centrer sur une histoire, faire apparaître vos personnages les uns après les autres selon leur importance, et vous suivrez alors ce déroulé pour construire un récit cohérent.

Dans des aspects un peu plus techniques, vous pourrez aussi insérer des éléments nouveaux en sachant directement où les faire apparaître dans le récit, utile notamment en cas de flash back ou de récits croisés.

Exemple :
La femme amoureuse (dont le fils s'est suicidé six mois auparavant) découvre la tromperie de son mari (atteint d'une maladie incurable), décide de tout plaquer, rencontre une vieille amie (avec qui elle avait eu un certain émoi amoureux étant adolescente) et part avec elle dans un voyage autour du monde (en commençant par l'endroit préféré de son fils décédé : la Polynésie).

Une astuce consiste à écrire ou surligner de couleurs différentes les éléments primordiaux des secondaires, au moins au moment initial de la construction du récit. Personnellement, j'ai aussi pour habitude d'accrocher cette base au mur devant mon bureau pour m'en rappeler d'un seul coup d'oeil.

Je vous ai simplifié ici la méthode des flocons, qui normalement se déroule en 10 étapes, mais vous pouvez faire quelques recherches sur internet et la connaître plus en détail pour mieux l'appliquer à votre cas et vos besoins.

- <u>La méthode associative :</u>

Celle-ci me fait penser au « mind map » ou cartes mentales en français.
Il s'agit de partir d'un mot pour laisser son esprit aller à la rencontre d'autres mots associés au premier. On laisse fuser les idées, sans ordre précis. Petit à petit, on ajoute des mots, des bribes de phrases peut-être, jusqu'à créer tout un champ lexical qui servira de base au texte.

<u>Exemple</u> : Je veux écrire un poème sur la nuit, je pars donc de ce mot et, de manière graphique, disons à la manière d'un dessin, je gribouille d'autres mots : obscure, lune, hibou, vagabond, silence, vent, ...
En laissant mon esprit divaguer sur le papier, je réunis les mots qui me serviront à rédiger mon poème. En regardant globalement ma feuille avec tous ces mots, je vois l'ambiance finale du texte.

C'est une excellente méthode créative pour chercher des idées, particulièrement pour écrire de la poésie ou des nouvelles.

Je la conseille aux personnes qui souhaitent s'entrainer en créant de petits textes, pour mieux maitriser le processus de création. Ceux qui manquent un peu d'imagination ou qui ont un départ d'idée mais besoin de l'affiner et la préciser, pourront aussi profiter de cet exercice très surprenant.

— <u>Le schéma actanciel:</u>

Beaucoup plus stricte que les deux premières, cette méthode n'en est pas vraiment une.

Ici c'est le schéma du conte, et par extension du roman ou tout autre texte de fiction, qui se voit décortiqué pour le rendre séquentiel et donc facilement maitrisable et reproductible.

On frise la démarche scientifique et on perd en spontanéité par rapport aux deux méthodes précédentes. Mais vous allez le voir, cette façon de faire est très intéressante notamment pour écrire des romans fantastiques ou d'aventure par exemple.

Tout texte de fiction un peu développé se verra bénéficier de ce procédé. Voici un exemple du schéma actanciel représenté ici :

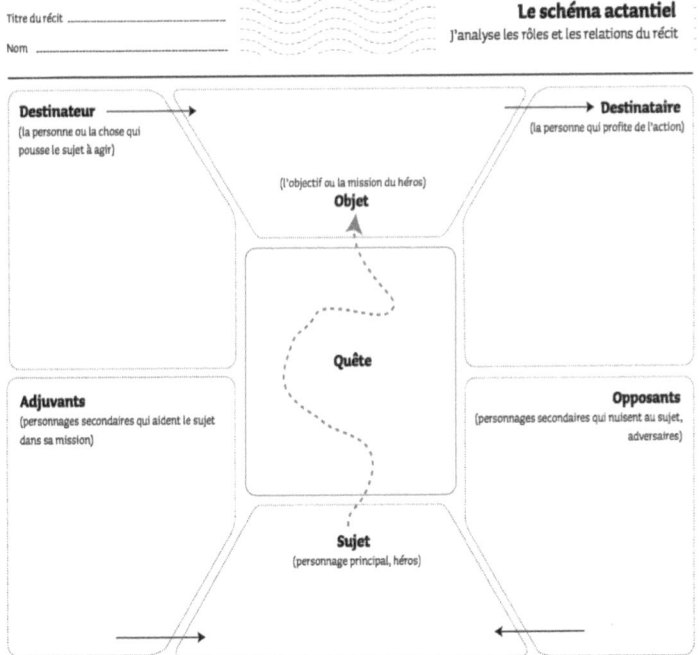

Pour mieux maitriser l'utilisation du schéma et comprendre combien elle peut vous être utile, je vous invite à prendre un livre de votre bibliothèque, de préférence un que vous connaissez bien, et de le décortiquer afin de remplir ce schéma. Une fois fait, vous serez capable de prendre votre propre histoire ou début d'histoire et de la décrypter de la même manière.

Ce processus est particulièrement utile pour rédiger des fiches personnages et bien saisir qui ils sont (leur rôle) dans l'histoire.

Je vous invite bien sûr à faire des recherches sur le schéma actanciel (ou schéma actantiel de Greimas) pour en savoir plus et mieux vous lancer dans cette démarche.

Outils à connaître

Rappelez-vous que vous venez d'entreprendre la construction de votre maison. Grâce aux différentes méthodes abordées, vous avez une idée de plan. Maintenant vous allez avoir besoin d'outils.

Les outils de l'écrivain d'aujourd'hui sont nombreux. Ils vont bien au-delà de la plume et du morceau de papier d'antan. Bien entendu, ces outils ne sont pas obligatoires pour écrire, mais comme toujours, ils sont des aides précieuses qui pourront vous faire gagner du temps et vous éviter bien des tracas. Je les divise en trois catégories que voici :

– Les livres :
Il me semble presque indispensable de posséder quelques ouvrages de référence qui constitueront une base solide vers laquelle se tourner en cas de doute. Un bon dictionnaire, un dictionnaire des synonymes, un bescherelle, un dictionnaire des rimes et d'autres plus spécifiques à votre style

d'écrits, seront des compagnons fidèles. On se sent parfois seul lorsqu'on écrit, et ces livres peuvent répondre à nombre de questions. Faites-vous votre petite collection à vous d'ouvrages rassurants.

Vous pourrez aussi y ajouter un ou deux livres fétiches, vos livres préférés, ceux qui vous inspirent depuis toujours et que vous rêvez peut-être secrètement d'égaler. Ils vous aideront.

Enfin je vous conseille de jeter un œil à des ouvrages plus techniques, que vous aurez raison de lire avant d'entamer votre travail. Il y en a beaucoup, à vous donc de voir, mais j'apprécie ceux des Editions Eyrolles, une collection de livres jaunes dédiés à l'écriture. Ce conseil est particulièrement opportun si vous devez écrire quelque chose de précis et codé (scénario, théâtre, roman biographique, etc.).
Vous trouverez à tous les coups le livre de référence qu'il vous faut pour ne pas vous tromper.

– Les logiciels d'écriture :

On trouve aujourd'hui une myriade de logiciels d'écriture et de mise en page, que ce soit en ligne ou hors ligne. L'offre est épatante !

Certains proposent de bloquer toute distraction et diffusent une musique supposée inspirante, d'autres vous permettent de créer des textes croisés, des fiches personnages, des séquences facilement modifiables... Vous pouvez en trouver certains très efficaces pour la mise en page automatique d'e-books.

Celui que je trouve le plus abouti, complet et professionnel est Scrivener. Il en existe une version gratuite afin d'essayer. Je trouve que c'est un logiciel qui constitue un vrai plus par rapport aux autres, et qu'il peut être très utile dans tous les cas de figure.

Encore une fois, à vous de voir ce qui vous aiderait au mieux selon vos besoins.

– Les logiciels de correction :

Dès lors que vous pensez à l'écriture un peu sérieusement, il vous faudra aller plus loin que les simples corrections très basiques offertes par les traitements de texte standards.

Dans ce cas inutile de tourner autour du pot, il y en a un qui se démarque carrément des autres, et c'est celui qu'il vous faut : Antidote. Il s'agit d'un logiciel payant mais assez bizarrement je crois que tout écrivant est heureux de le payer tellement il est redoutable.

Je vous laisse le soin de découvrir toutes ses nombreuses fonctionnalités, depuis la simple correction orthographique à la création de statistiques ou la mise en place d'alertes (par exemple anti répétition de mots). Bonus : il travaille très bien en synchro avec Scrivener dont je parlais juste avant.

A noter que cet outil demande un investissement pas justifié pour un jeune débutant mais vite indispensable au professionnel.

Rythme de travail

Après avoir vu les parties précédentes, vous êtes maintenant équipé et avez quelques pistes pour commencer votre aventure littéraire. Plein d'enthousiasme, vous commencez fort, plusieurs heures d'affilée, voir même peut-être une belle nuit blanche qui réveille en vous une âme d'artiste. Et puis, les jours passant, la routine et les occupations terre à terre reviennent au galop stopper votre entrain. Il suffit d'une petite faille d'inspiration ou une difficulté technique et vous voilà en train de prétexter un manque de temps, étrange mal du siècle...

Ne laissez aucune excuse !

Toute difficulté rencontrée devra être adressée immédiatement sous peine de devenir un obstacle à l'avancement de votre livre. Tout ce que nous avons vu jusqu'ici (questions, règles, méthodes, outils...) est là justement pour ça.

Vous êtes équipé pour mener à bien votre projet,

il ne vous reste qu'à trouver un peu de rigueur.

<u>Il faut s'astreindre à un rythme de travail régulier.</u>

Vous n'y échapperez pas. Certains fonctionnent avec des plannings hebdomadaires, ainsi que des créneaux horaires dédiés. Pour d'autres ce sera des paliers à atteindre en nombre de pages ou même en nombre de caractères par jour.

Personnellement je me fixe un nombre de pages par semaine ou une partie de livre par mois (chapitre ou action spécifique).

Peu importe ce que vous préférez mais pensez aux mille et une nuits, et obligez vous à écrire régulièrement tel la bien inspirée Shéhérazade !

Et enfin, le manque de moyen ne doit pas non plus être un empêchement. Pour écrire, vous n'avez finalement besoin que de feuille et de crayon.
L'essentiel est en vous, le reste n'est que bonus.

Finaliser son projet

Nous y voilà ! Vous avez un titre, le résumé, l'accroche. Vos personnages vivent à vos côtés depuis des mois et votre histoire est géniale. Mais, comme les choses ne sont jamais aussi simples, pour une raison qui vous échappe, vous n'arrivez pas à **finir** ce livre.

Comment mettre un point final à son livre ?

Il est très courant de ne pas arriver à terminer son histoire. Certaines personnes sont même des spécialistes, elles commencent mille projets et n'en finissent jamais aucun.

Si vous vous reconnaissez, alors vous devez comprendre que le livre est un enfant. C'est votre bébé. Vous l'avez nourri, bercé de vos rêves, y avez laissé sommeil et énergie. Combien il est dur de le laisser partir !

Et pourtant, tel un enfant devenu grand, il a besoin de partir vivre sa vie en autonomie.

Faites-lui confiance, lâchez prise et regardez-le avec fierté se débrouiller sans vous et même vous surprendre.

Vous n'êtes toujours pas convaincu ? Pas sûr d'en avoir fini avec lui ?

Il est temps de revenir au début. Vous vous souvenez ? **Conteur ou témoin ?**

Conteur : Le livre est pétri d'une **émotion** intense, capable d'emporter le lecteur là où vous avez toujours rêvé d'aller ? **Alors finissez !**

Témoin : Le **message** est clair, vous n'avez rien oublié et vous sentez un poids quitter vos épaules au fil des pages ? **Alors finissez !**

Ce ne sera certainement pas parfait, mais si vous avez suivi tout cela, votre livre, cet enfant porté à bout de plume sera à votre image, et vous serez fier de le montrer au monde. **Finissez !**

Publier son livre

Préparer son manuscrit

Après avoir réalisé votre rêve et enfin terminé votre livre, la prochaine étape logique est de vouloir le voir publié. Le texte devient réel lorsqu'il devient un objet que l'on peut tenir dans ses mains. C'est là qu'il acquiert sa qualité de vrai livre, comme si le fait de l'avoir écrit ne suffisait pas. Et cela ne suffit pas en effet !

Mais avant de penser à envoyer votre texte à un éditeur, nous allons voir qu'il est nécessaire de bien préparer votre manuscrit pour mettre toutes les chances de votre côté.
Tout d'abord, on n'envoie pas un manuscrit (écrit à la main), mais un tapuscrit. C'est à dire que le texte devra être obligatoirement dactylographié, tapé à l'ordinateur à l'aide d'un traitement de texte ou un logiciel de mise en page comme nous l'avons vu auparavant. Ce document devra alors suivre quelques règles simples de présentation.

La mise en page :

Si vous souhaitez offrir une lecture agréable mais surtout éviter de finir à la corbeille dès la première ligne, il vous faudra fournir un document clair, lisible et soigné. Voici quelques recommandations basiques :
- La police d'écriture doit être de préférence Times New Roman, en taille 12 ou 13, avec un intervalle de 1,2.
- Utilisez la fonction de retrait de première de paragraphe.
- Vous devez mettre les pages en vis à vis afin qu'il y ait une gauche et une droite, et les numéroter.
- Pensez à présenter un texte aéré, paragraphé et si possible chapitré avec une table des matières.

Chaque logiciel de traitement de texte a ses propres fonctionnalités et manières de mettre en place les spécificités souhaitées. Vous devrez les apprendre et maitriser votre outil de travail afin de vous sentir plus à l'aise.

La correction :

Nombreux sont les auteurs qui pensent que la correction est le travail exclusif de l'éditeur. Par conséquent, ils délaissent cet aspect et n'hésitent pas à présenter un manuscrit truffé de fautes.

Si il est vrai que l'éditeur doit effectuer la correction finale du texte, il s'agit d'une petite marque de respect que de lui offrir un texte correct, lisible et qui apparaisse sous son meilleur jour. Pour cela, vous aurez intérêt à relire votre texte, le corriger ou le faire corriger, et en traquer la moindre erreur ou incohérence. Bien entendu, si vous avez utilisé un logiciel comme Antidote, le plus gros du travail sera fait, sinon il faudra vous y atteler ou mettre quelqu'un à contribution.

La page de présentation :

Vous devez toujours garder à l'esprit que celui qui vous lit ne vous connait pas. Il ne sait rien de vous, n'a aucune idée ni du style de livre que vous lui présenter ni de l'étendue de votre talent. Cependant, les éditeurs ont l'oeil pour éliminer rapidement les textes non aboutis et les auteurs qui ne prennent même pas la peine de se présenter correctement. Lorsque vous donnez votre texte à lire à un éditeur potentiel, vous devez aussi glisser en première de couverture une feuille de présentation, de vous même d'abord et de votre livre. Voici les informations indispensables qui devront y figurer :

- Vos nom, coordonnées, mail et site web si vous en avez un.
- Une courte biographie ainsi que votre bibliographie si elle existe.
- Un résumé de votre ouvrage (du style de la quatrième de couverture d'un livre).
- La catégorie dans laquelle vous placez votre ouvrage (romance, sci-fi, etc.), et les thèmes abordés (amitié, féminisme, thèmes de genre ou bien gay, dépassement de soi, thème racial, etc.). Ceci est très important car un éditeur qui a prévu un livre dans ce thème sera automatiquement intéressé.

En bref, vous devez présenter votre texte au mieux, et le soin que vous apporterez à cette présentation sera considéré comme une preuve de votre sérieux et de votre professionnalisme.

Les éditeurs actuels sont tellement débordés qu'il vaut mieux arriver à passer le premier écrémage pour espérer que le texte soit effectivement lu.

Mais maintenant que vous avez pomponné votre manuscrit, savez-vous à qui l'envoyer et comment ? On y arrive !

Démarcher un éditeur

Vous avez bien relu votre manuscrit et vous rêvez d'être publié ? Alors voici quelques astuces pour débusquer un éditeur.

Si vous avez suivi mon conseil et que vous lisez beaucoup (vraiment beaucoup!), vous aurez certainement déjà une idée de votre éditeur préféré. C'est une bonne chose. Car pour augmenter vos chances, il faudra cibler au maximum les maisons d'éditions susceptibles de vous publier. Il s'agit d'un travail de recherche, mais regardez d'abord dans votre bibliothèque et notez les noms des éditeurs.

Il y a de fortes probabilités que vous vouliez publier le genre d'ouvrage que vous aimez lire, donc observez les livres que vous possédez et prenez des notes.

Puis, allez voir le site internet de chaque éditeur. Vous devez vérifier leur **ligne éditoriale**.

On n'envoie pas de la science-fiction à un éditeur de romance.

Vérifiez donc leurs publications, et regardez également qu'ils n'aient pas déjà un ouvrage trop proche du votre dans leur catalogue et aussi dans leur liste « à paraitre ». Votre objectif est de coller à la ligne et au style de l'éditeur mais pas de concurrencer un auteur (ou un thème) déjà très présent.

Ensuite, fouillez un peu jusqu'à trouver la rubrique « *Envoyer un manuscrit* ».

A partir de là, il vous suffira de voir les conditions de la maison, car chacune est différente.

Respectez bien ces règles !

Si ils ont pris la peine de préciser « pas d'essais » ou « manuscrit par voie postale uniquement », alors inutile de leur envoyer votre essai par mail. Vous perdez votre temps et eux aussi.

Enfin, un peu comme lorsqu'on envoie un CV, prenez le temps de rédiger un petit mot personnalisé sur la page de présentation ou dans le corps de mail le cas échéant. Il est de bon ton de montrer que vous connaissez la maison en citant leur **ligne** ou même en mentionnant un livre que vous avez particulièrement apprécié chez eux.

Pour finir, n'oubliez pas qu'une réponse met en moyenne deux mois à arriver, et qu'après trois mois on peut estimer que c'est un refus.
Si vous avez pensé à fournir une enveloppe retour, vous pourrez au moins récupérer votre manuscrit et du coup en avoir le cœur net.

Les 3 P sont là pour vous indiquer ce que vous devez être : Positif, Patient, Persévérant...

Eviter les pièges

Pour un jeune auteur en herbe, le besoin de reconnaissance et donc le désir de publication, qui est vécue comme une consécration, peut atteindre des proportions inquiétantes. Si vous avez envoyé votre manuscrit à quelques maisons d'édition et qu'après plusieurs mois vous n'avez aucune nouvelle, ou pire vous avez reçu des vilaines lettres de refus, il y a de fortes chances que vous ayez le moral dans les chaussettes.

Attendez encore un peu et vous allez vite vouloir chercher à tous prix à publier votre livre.

Mais tous les moyens ne sont pas bons !

Les pièges sont nombreux, les auteurs naïfs et bien des requins ont les dents aiguisées.

Je voudrais vous mettre en garde contre 3 pièges à éviter, sachant que ce n'est bien sûr pas exhaustif malheureusement.

- <u>Les éditions à compte d'auteur</u> :

Il s'agit d'éditeurs qui n'en sont pas vraiment. Ils prennent de l'argent à l'auteur pour imprimer son livre, et non au lecteur pour le lire, vu qu'il n'y en a pas ! Votre manuscrit ne sera pas corrigé, ni accompagné, et encore moins diffusé.

C'est le pire que vous puissiez faire à votre livre. Vous perdrez entre 2000 et 6000 euros de mise de départ pour des « livres » invendables, mais aussi vos droits d'auteurs et surtout votre crédibilité.

Cela fait partie du rôle de l'éditeur de prendre des risques pour vous et donc d'investir. Un éditeur ne demande JAMAIS d'argent à son auteur. Simple et sans appel. Et sans exception.

- <u>Les coachs littéraires</u> :

Ils pullulent sur internet et ont bien compris à quel point vous voulez être édité. C'est pour cela qu'ils vous proposeront des cours en ligne, des relectures avec séance de coaching, des corrections ou un accompagnement...

Vous serez tenté de faire appel à eux, mais les coachs sérieux sont très très peu nombreux et plutôt discrets tandis que les arnaqueurs ouvrent grand la bouche et sont tout disposés à vous dépouiller contre du vent.

Rappelez-vous les règles de départ et les conseils donnés ici, vous n'avez besoin que de ça et de ce qui est en vous pour réussir. *Tout est là*.

- <u>Les gens qui vous veulent du bien</u> :
Comme je l'ai déjà dit, l'écriture est une activité plutôt solitaire. Si vous cherchez des personnes pour vous aider, vous prenez un risque. C'est pourquoi je préfère m'entourer de livres pour ça.

Faites attention à certains collègues en mal d'inspiration qui se proposent de jeter un œil à votre manuscrit, tout comme des lecteurs trop prompts à jouer les fans ou même à votre famille ou vos amis qui ne sont pas des professionnels.

Vous avez des doutes et c'est bien normal mais sachez qu'il n'y a que **le temps et l'expérience** pour vous dire si ce que vous faites est bien.

S'auto-éditer

Pour de nombreuses raisons que je ne vais pas lister ici, on optera peut-être pour l'auto-édition.

Mais peut-on vraiment se passer d'un éditeur ?

Il faudrait pour cela déjà savoir exactement quel est son rôle. A quoi sert-il ?

1) C'est tout d'abord celui qui croit en vous. Il doit **miser** sur vous : il investit, prend des **risques** et c'est pourquoi il va bien entendu se démener pour défendre son investissement (votre livre).

2) Il met en page, corrige, design, fait imprimer et soigne tous les aspects de **l'objet livre**.

3) Il distribue le livre en faisant appel à un **diffuseur** qui lui permettra de poser le livre en rayon des librairies et tout autre point de vente en ligne ou physique.

4) Il assure la **promotion** du livre en disposant de moyens financiers mais surtout d'un réseau de contacts dans le monde du livre local et/ou national.

Voici donc principalement les diverses tâches qui incombent à l'éditeur. C'est tout ce que vous devrez faire si vous choisissez de vous passer de lui. Ce n'est vraiment pas une mince affaire car si vous négligez un seul aspect, votre livre est condamné à devenir un gros flop.

De plus, et ce n'est pas négligeable, l'éditeur vous offre de la **crédibilité**. En tant qu'auteur auto-édité, vous devrez vous battre cent fois plus pour défendre votre livre.

Comme vous le voyez, l'auto-édition n'est pas évidente, mais il existe de nos jours grâce aux techniques d'impression à la demande des solutions intermédiaires, formats hybrides qui peuvent être très intéressants.

C'est ce que j'ai choisi et cela fonctionne très

bien pour moi. Je peux ainsi éliminer la partie 1 (prendre un risque) car je n'ai pas besoin d'investir dans un stock coûteux.

Je délègue les partie 2 et 3 à un prestataire qui est techniquement un éditeur mais n'en a pas tous les attributs.

Il ne me reste plus qu'à m'occuper de la dernière partie : la promotion. C'est encore du travail mais c'est largement faisable, et même agréable si l'on aime le contact avec le public.

Attention, il n'y a que très peu de prestataires sérieux qui proposent ce genre de service. J'en connais 4 qui ont bonne réputation : le géant Amazon, Books on Demand, The Book Edition, et Lulu. Il y en a certainement d'autres que je ne connais pas, à vous de faire vos recherches.

Selon le type de livre et de service que vous souhaitez, vous aurez une préférence pour l'un ou l'autre.

Un petit mot pour finir

Comme il est difficile de donner des conseils sans paraître pleine de condescendance et de prétention !

Je n'ai que mon humble expérience à vous offrir mais sachez que malgré la petite taille et la modestie de ce livre, chaque phrase a été longuement pensée pour son réel intérêt dans le processus d'écriture.

Vous pourrez vraiment résoudre vos soucis de plume si vous reprenez bien ce livre pas à pas.

Cependant, si votre instinct vous appelle à faire le contraire de ce que je vous dis, préférez-le à moi ! Sans aucun doute écoutez-le, écoutez ce que dit votre esprit, votre cœur, vos tripes pour rester dans l'anatomique...

*Vous êtes le seul à rendre tout ça possible,
n'en doutez pas.*

Nota Bene : Dans un esprit de simplicité et n'étant pas vraiment amatrice d'écriture inclusive, j'ai choisi la forme masculine en m'adressant au lecteur. Il est bien entendu que celui-ci peut être une femme !

Notes Personnelles